Juego limpio

Katie Peters

Consultoras de GRL,
Diane Craig y Monica Marx,
especialistas certificadas en lectoescritura

ediciones Lerner ◆ Mineápolis

Nota de una consultora de GRL

Este libro, que pertenece a la serie Pull Ahead, ha sido diseñado con dedicación para lectores principiantes. Un equipo de expertos en lectoescritura y lectura guiada ha revisado el libro y determinado su nivel para garantizar que quienes lo lean se superen y experimenten el éxito.

ediciones Lerner
Una división de Lerner Publishing Group, Inc.
241 First Avenue North
Mineápolis, MN 55401, EE. UU.

Si desea averiguar acerca de niveles de lectura y para obtener más información, favor consultar este título en www.lernerbooks.com.

Fuente del texto del cuerpo principal: Memphis Pro 24/39.
Fuente proporcionada por Linotype.

Las imágenes de este libro cuentan con el permiso de: © artisteer/Getty Images, p. 3; © FatCamera/Getty Images, pp. 14–15; © fstop123/Getty Images, pp. 8–9; © Jeff Greenough/Getty Images, pp. 6–7; © Marilyn Nieves/Getty Images, pp. 10–11, 16 (derecha); © recep-bg/Getty Images, pp. 12–13, 16 (izquierda); © SDI Productions/Getty Images, pp. 4–5, 16 (centro). Portada: © SerrNovik Getty Images.

Library of Congress Cataloging-in-Publication Data

Names: Peters, Katie, author.
Title: Juego limpio / Katie Peters.
Other titles: Playing fair. Spanish
Description: Minneapolis : Lerner Publications, [2023] | Series: Espíritu deportivo (Be a good sport) (Pull ahead readers people smarts en español - Nonfiction) | Includes index. | Audience: Ages 4–7 | Audience: Grades K–1 | Summary: "What does it mean to play fair? Following rules, helping others and taking turns are just a few examples. This Spanish book pairs with the fiction title Tu turno"— Provided by publisher.
Identifiers: LCCN 2021050984 (print) | LCCN 2021050985 (ebook) | ISBN 9781728458885 (library binding) | ISBN 9781728462820 (paperback) | ISBN 9781728460932 (ebook)
Subjects: LCSH: Sportsmanship—Juvenile literature.
Classification: LCC GV706.3 .P462 2023 (print) | LCC GV706.3 (ebook) | DDC 175—dc23/eng/2021102

LC record available at https://lccn.loc.gov/2021050984
LC ebook record available at https://lccn.loc.gov/2021050985

Fabricado en los Estados Unidos de América
1-50922-50228-10/25/2021

Contenido

Juego limpio

Sé cómo jugar limpio.
Comparto los juguetes.

Sé cómo jugar limpio.
Cumplo las reglas.

Me gusta jugar limpio.
Espero mi turno.

Sé cómo jugar limpio.
Dejo que mi hermana
tenga su turno.

Sé jugar limpio. Ayudo
a mi hermano a jugar.

Conozco muchas maneras de jugar limpio.

¿Cuál es una manera en la puedes jugar limpio con tus amigos?

¿Lo viste?

bate

bloques

columpio

Índice

16